BEI GRIN MACHT SICH IHR WISSEN BEZAHLT

- Wir veröffentlichen Ihre Hausarbeit,
  Bachelor- und Masterarbeit

- Ihr eigenes eBook und Buch -
  weltweit in allen wichtigen Shops

- Verdienen Sie an jedem Verkauf

Jetzt bei www.GRIN.com hochladen
und kostenlos publizieren

Moritz Sehn

Soziale Felder bei Pierre Bourdieu - Ein Überblick

GRIN Verlag

Bibliografische Information der Deutschen Nationalbibliothek:

Die Deutsche Bibliothek verzeichnet diese Publikation in der Deutschen National-
bibliografie; detaillierte bibliografische Daten sind im Internet über http://dnb.d-
nb.de/ abrufbar.

Impressum:

Copyright © 2012 GRIN Verlag GmbH
Druck und Bindung: Books on Demand GmbH, Norderstedt Germany
ISBN: 978-3-656-33825-3

Dieses Buch bei GRIN:

http://www.grin.com/de/e-book/206472/soziale-felder-bei-pierre-bourdieu-ein-
ueberblick

GRIN - Your knowledge has value

Der GRIN Verlag publiziert seit 1998 wissenschaftliche Arbeiten von Studenten, Hochschullehrern und anderen Akademikern als eBook und gedrucktes Buch. Die Verlagswebsite www.grin.com ist die ideale Plattform zur Veröffentlichung von Hausarbeiten, Abschlussarbeiten, wissenschaftlichen Aufsätzen, Dissertationen und Fachbüchern.

Besuchen Sie uns im Internet:

http://www.grin.com/

http://www.facebook.com/grincom

http://www.twitter.com/grin_com

Julius-Maximilians-Universität Würzburg

Institut für Politikwissenschaft und Sozialforschung

Lehrstuhl für Soziologie

Seminar: Neuere theoretische Ansätze der Soziologie (Mo. 14 – 16 Uhr)

Wintersemester 2011/12

Soziale Felder bei Pierre Bourdieu

von Moritz Sehn

25.03.2012

Inhaltsverzeichnis

1. Einleitung

Mit dem Begriff des "Feldes" entwickelt der französische Soziologe Pierre Bourdieu ein theoretisches Modell, mit Hilfe dessen er versucht darzustellen, wie soziales Handeln funktioniert.

Diese Arbeit soll einen Überblick über die Idee des *sozialen Feldes* geben, dabei die wichtigsten Begrifflichkeiten klären und diskutieren, inwiefern das Feld ein Ort von Macht, Kräften und des Spiels ist.

2. Hauptteil

2.1 Das Feld

Der Begriff des *sozialen Feldes* ist bei Bourdieu als eine Art Universum zu verstehen, dem verschiedene Felder untergeordnet sind.
Diese Felder sind als Mikrokosmos zu sehen. Sie gehorchen spezifischen sozialen Gesetzen, die von den Akteuren des jeweiligen Feldes selbst bestimmt werden. Dazu später mehr, wenn es um die Frage des "Spiel-Feldes" geht.

Bourdieu beschreibt das Feld also als Mikrokosmos, welches eingebettet ist in einen Makrokosmos. Der Makrokosmos besitzt ebenfalls eigene Gesetze, die aber nicht mit denen des Mikrokosmos identisch sein müssen. Wichtig ist die Aussage, dass der Mikrokosmos (also das Feld) "relativ autonom"[1] ist, sich jedoch niemals vollständig von den Zwängen des Makrokosmos lösen kann.
Der Begriff der Autonomie ist für Bourdieu wichtig, denn er prägt die gesamte Ausgestaltung des Feldes. Von Autonomie kann man sprechen, wenn das Feld die Fähigkeit besitzt, äußere Zwänge zu brechen - also zu verändern.
Als äußere Zwänge gelten, neben Gesetzen, vor allen Dingen Zeit und Geld.

Je autonomer ein Feld ist, desto eher kann es äußere Zwänge "bis zur Unkenntlichkeit"[2] verändern.

---

1   Bourdieu, Pierre: Vom Gebrauch der Wissenschaft. Für eine klinische Soziologie des wissenschaftlichen Feldes. Konstanz 1998, S. 18.
2   Bourdieu, Pierre: Vom Gebrauch der Wissenschaft. Für eine klinische Soziologie des wissenschaftlichen

2.2 Akteure

Ein Feld umfasst alle Akteure, die einen Beitrag im jeweiligen Feld leisten. Beispielsweise ist ein Akteur im literarischen Feld jeder, der Literatur erzeugt.[3]

Diese recht offene Definition hat den Vorteil, kaum normative Wertungen in den einzelnen Feldern treffen zu müssen. Trotzdem kann natürlich die Frage gestellt werden, was – am Beispiel bleibend – Literatur denn überhaupt sei. Die Geschichte zeigt, dass im Mittelalter jegliche Form von Schrift als Literatur galt, egal ob Roman, Lied, oder Brief.

In heutiger Betrachtung wird der Begriff der Literatur kontroverser diskutiert – die wenigsten Akteure im literarischen Feld würden den Verfasser eines Einkaufszettels zum eigenen Feld zählen. Allerdings wird eben jener Verfasser des Einkaufszettels auch kaum den Anspruch erheben, als Akteur des Feldes betrachtet zu werden. Ein wichtiger Aspekt bei der Frage der Mitgliedschaft eines Feldes wird mit dem Begriff der *illusio* eingeführt. Damit ist das Interesse, eine Position im Feld zu besetzen, gemeint.[4]

Allerdings nicht einfach irgendeine Position, sondern eine, mittels derer der Akteur Einfluß auf das Feld und seine Akteure hat, also Macht gewinnt.

Außerdem nennt Bourdieu den *Habitus* als Kriterium für die Zugehörigkeit zu einem Feld. Im Gegensatz zur Theorie der rationalen Entscheidungswahl ist es hier nicht die subjektive Wahl des besten Kosten/Nutzen-Verhältnisses[5], die menschliches Handeln bedingt, sondern der sogenannte *Habitus*. Akteur ist, wer die spezifischen Regeln verinnerlicht hat, wer ähnliche Vorlieben, Geschmack, Sprache und Lebensstil hat wie andere Mitglieder dieser Gruppe[6]. Der *Habitus* wird durch Sozialisation geformt und ist dem Akteur insofern nicht bewusst, als dass er zur Erklärung von Handlungen herangezogen wird.

Feldes. Konstanz 1998, S. 19.

3 Vgl. Bongaerts, Gregor: Verdrängungen des Ökonomischen. Bielefeld 2008, S. 124.
4 Vgl. Fuchs-Heinritz, Werner / König, Alexandra: Pierre Bourdieu: Eine Einführung. Konstanz 2005, S. 145.
5 Vgl. Franz, Stephan : Grundlagen des ökonomischen Ansatzes: Das Erklärungskonzept des Homo Oeconomicus. In: Universität Potsdamm (Hrsg.): International economics working paper. 2004-02, S. 4.
6 Vgl. Bourdieu, Pierre: Vom Gebrauch der Wissenschaft. Für eine klinische Soziologie des wissenschaftlichen Feldes. Konstanz 1998, S. 25.

Allerdings fällt dem Akteur auf, wenn er auf einen Menschen mit einem sehr anderen *Habitus* trifft, da sich das Verhalten beider unterscheidet. Zwar kann man nach Bourdieu am *Habitus* eines Akteurs erkennen, wie sein sozialer Rang / seine Stellung ist, allerdings ist der Habitus durchaus veränderbar. Wird ein Kind aus sehr einfachen Verhältnissen von einer besser gestellten Familie adoptiert, so sind die Unterschiede in Verhalten am Anfang sicherlich sehr deutlich, werden aber mit der Zeit abnehmen und nach einer gewissen Zeit durch die Sozialisation nicht mehr erkennbar sein.

Fraglich ist, wie sich Akteure eines Feldes zu einem Akteur verhalten, der sich weder am Habitus-Konzept orientiert, noch irgendein Interesse an der Teilhabe hat – aber trotzdem einen Beitrag im jeweiligen Feld leistet.

2.3 Kapital

Bourdieu unterscheidet prinzipiell vier Sorten von Kapital[7]. Das *ökonomische Kapital*, also Geld und Eigentum, das eine wichtige Rolle spielt, da es in vielen Bereichen einsetzbar ist. Vor allem ist es schnell und unkompliziert auf andere Akteure übertragbar. Genau das ist die Schwäche des *sozialen Kapitals*, also zwischenmenschliche Beziehungen, die auf Vertrauen basieren und zum einen zeitintensiv in der "Herstellung" sind und nicht ohne Weiteres übertragbar sind. *Kulturelles Kapital* nimmt hierbei eine Zwischenstellung ein, da es unterteilt ist in folgende Typen: *Inkorporiertes kulturelles Kapital* ist Wissen oder Bildung, *objektiviertes kulturelles Kapital* sind Bücher oder Gemälde und *institutionalisiertes kulturelles Kapital* sind Abschlüsse, akademische Titel.
Alle diesen Kapitalsorten kommt das sogenannte *symbolische Kapital* hinzu, also Prestige und Ansehen. Diese Sorte kann durch alle anderen Sorten herbeigeführt werden, also durch Statussymbole wie Autos, Häuser oder Sammlungen von Kunstobjekten, aber auch durch die öffentlich zur Schau gestellte enge Beziehung zu anderen Menschen.

---

7 Vgl. Bongaerts, Gregor: Verdrängungen des Ökonomischen. Bielefeld 2008, S. 56-58.

5

Entscheidend ist, dass in jedem spezifischen Feld bestimmte *Kapital*sorten besonders wichtig sind und diese die Stellung der Akteure im Feld bestimmen, also Akteure mit Macht ausstatten[8].

Selbst im wissenschaftlichen Feld ist es denkbar, dass ein Akteur bevorzugt behandelt wird, eine bessere Stellung im Feld einnehmen kann, da er besonders viel *symbolisches Kapital* besitzt – da beispielsweise die eigene Mutter bedeutende Leistungen erbracht hat und sich die Beteiligung an Forschungsprojekten medienwirksam verkaufen lässt.

Offen bleibt hier die Frage, inwiefern die unbewusste oder zufällige Wirkung von Macht berücksichtigt wird. Dass ein renommierter Wissenschaftler *kulturelles Kapital* besitzt und dieses bestimmte Wirkungen nach sich zieht, liegt nahe. Im Falle von *ökonomischen Kapital*, das ja leicht auf andere Akteure übertragen werden kann, lässt sich bezweifeln, dass die Theorie in ihrem Umfang ausreichend ist. Im Prinzip sollen ja 2 Akteure, die jeweils das gleiche teures Auto fahren und das gleiche luxoriöse und offentlichlich teure Haus bewohnen als ähnlich ökonomisch ausgestattet wirken. Dementsprechend wird ihnen *symbolisches Kapital* zu Teil, da gerade Statussymbole eine prestigeträchtige Wirkung zeigen (sollen). Dass einer der beiden Akteure das Auto geleast hat und das Haus nur zur Miete bewohnt, während der andere beides tatsächlich sein Eigentum nennen kann, wird nicht berücksichtigt. Unterschiedliche Mengen an *ökonomischen Kapital* können also eine identische Menge an *symbolischen Kapital* mit sich bringen.

---

8 Vgl. Bourdieu, Pierre: Die Regeln der Kunst. Genese und Struktur des literarischen Feldes. Frankfurt am Main 1999, S. 365.

3. Macht, Kräfte und Spiel

Grundsätzlich ist jedes Feld unter der Bedingung der Knappheit zu denken.[9] Durch Beschränkungen von Ressourcen und Kapazitäten kommt es zu Konkurrenzverhältnissen zwischen den Akteuren.

3.1 Macht

Der Machtbegriff bei Max Weber bezieht sich primär auf die bewusste und intendierte Durchsetzung der eigenen Interessen[10], während bei Bourdieu Macht das Gewicht der Akteure im Feld auszeichnet[11]. Dieses Gewicht wirkt auch, wenn der Inhaber des selbigen es gar nicht bewusst einsetzt.

Da die unterschiedlichen Kapitalsorten die Stellung im Feld bedingen und somit auch das Gewicht, sprich: die Macht, ist der Machtbegriff Bourdieus' eng an Kapital gebunden[12].

Durch die unterschiedliche Verteilung von Kapital, und durch die Tatsache, dass die "schwergewichtigen" Akteure gar nicht an einer strukturellen Veränderung interessiert sind[13] , kommt es auch zu sozialer Ungleichheit.

3.2 Kräfte

Das Feld wird also durch gegenwirkende Kräfte in ein Spannungsverhältnis versetzt, das sich wie folgt darstellt. Die Akteure lassen sich in zwei Gruppen unterteilen, nämlich die Einen, die eine gute Stellung innehaben und diese hegemoniale Stellung in der aktuellen Struktur des Feldes festigen möchten. Sie besitzen viel Kapital, somit auch viel Gewicht im Feld.

---

9   Vgl. Bongaerts, Gregor: Verdrängungen des Ökonomischen. Bielefeld 2008, S. 112.
10 Vgl. Max Weber: Wirtschaft und Gesellschaft. Grundriß der verstehenden Soziologie, Tübingen 1921/1980, S. 28.
11 Vgl. Bourdieu, Pierre: Vom Gebrauch der Wissenschaft. Für eine klinische Soziologie des wissenschaftlichen Feldes. Konstanz 1998, S. 23-24.
12 Vgl. Bourdieu, Pierre: Die Regeln der Kunst. Genese und Struktur des literarischen Feldes. Frankfurt am Main 1999, S. 365.
13 Vgl. Bourdieu, Pierre: Vom Gebrauch der Wissenschaft. Für eine klinische Soziologie des wissenschaftlichen Feldes. Konstanz 1998, S. 24-25.

Die andere Gruppe sind jene Akteure, die keine gute Stellung im Feld haben, also wenig Kapital und dementsprechend daran interessiert sind, die Struktur zu ihren Gunsten zu verändern.

Dieser Interessenkonflikt mündet in Kämpfen, die sich folgendermaßen darstellen.

3.3 Spiel

Der in Kapitel 3.2 angesprochene Kampf wird auch als "Spiel" bezeichnet. Durch den oben dargestellten Zustand der Knappheit ist das Feld ein Ort, an dem ununterbrochen Kämpfe ausgefochten werden. Gegenstand dieser Auseinandersetzungen sind neben Kapital, Macht und Positionen unter Anderem die Spielregeln selbst, denen sich jeder Akteur unterzuordnen hat. Allerdings sind die Akteure das Element, was die Existenz des Feldes ausmacht und daher können die Akteure auch die Spielregeln selbst zum Gegenstand der Auseinandersetzungen machen, um sie zu ihren Gunsten zu verändern.

Allerdings ist das schwer möglich, da einige Akteure mehr an der Erhaltung des Status Quo der Machtverteilung interessiert sind, als andere.

Interessant ist die Frage, wieso sich die von der sozialen Ungleichheit benachteiligten Akteure weiterhin an die Regeln des Feldes halten und es nicht zu einer – in welcher Form auch immer – revolutionären Umstrukturierung der Machtverteilung kommt.

4. Schlussbemerkung

Die hier dargestellte Theorie ist eine akteurszentrierte Theorie, die gute Ansätze zum grundsätzlichen Verständnis sozialen Handelns liefert. Sie stellt dar, wie in sozialen Feldern soziale Ungleichheit entsteht, wie das Feld als Apparat funktioniert.

Jedoch lässt sie Antworten auf Fragen zu Akteuren, unbewusste / fälschliche Wirkungen von Kapital, sowie Gründe für das Ausbleiben einer revolutionären Veränderung der Regeln/Struktur offen.

Zudem fehlt jeglicher Versuch, die dargestellten Probleme zu lösen, oder wenigstens Lösungsansätze zu liefern.

5. Literatur

- Bongaerts, Gregor: Verdrängungen des Ökonomischen. Bielefeld 2008.
- Bourdieu, Pierre: Die Regeln der Kunst. Genese und Struktur des literarischen Feldes. Frankfurt am Main 1999.
- Bourdieu, Pierre: Vom Gebrauch der Wissenschaft. Für eine klinische Soziologie des wissenschaftlichen Feldes. Konstanz 1998.
- Franz, Stephan : Grundlagen des ökonomischen Ansatzes: Das Erklärungskonzept des Homo Oeconomicus. In: Universität Potsdamm (Hrsg.): International economics working paper. 2004.
- Fuchs-Heinritz, Werner / König, Alexandra: Pierre Bourdieu: Eine Einführung. Konstanz 2005.
- Weber, Max : Wirtschaft und Gesellschaft. Grundriß der verstehenden Soziologie, Tübingen 1921/1980.